VOYAGE

EN ALLEMAGNE

(Juillet-Août 1864)

PAR P. SABATIER

PARIS

AD. LAINÉ, LIBRAIRE-ÉDITEUR,

RUE DES SAINTS-PÈRES, 19.

1864

VOYAGE
EN ALLEMAGNE

(Juillet — Août 1864).

Le Français qui se rend en Allemagne par la
Belgique entend parler sa langue jusqu'au Rhin ;
il n'en est pas de même de celui qui, comme
moi, prend la route de l'est.

Nancy dépassé, on entre dans la Lorraine
allemande. Cette contrée, bien que réunie depuis assez longtemps à la France, a conservé son
cachet germanique ; on y parle allemand, les
noms des hôtelleries sont allemands et en lettres
gothiques. Même chose se voit dans l'Alsace, où
l'on entre ensuite. Je n'ai pas le dessein de parler autrement de ces contrées, mais je ne puis
m'empêcher d'observer combien, en appro-

chant de Strasbourg, l'œil est agréablement flatté
à la vue des montagnes bleues des Vosges qu'on
aperçoit sur sa gauche dans le lointain !

Le Rhin franchi à Strasbourg sur un beau pont
récemment construit, on est sur la terre étran-
gère, dans le grand-duché de Bade.

C'est assurément chose agréable et bien utile
de voyager rapidement quand les affaires le de-
mandent ; mais, quand c'est pour son plaisir, si
on ne peut éviter la rapidité des chemins de fer,
il faut s'arranger de manière à voyager le moins
possible la nuit, afin de voir, quoique superfi-
ciellement, ce que les pays parcourus offrent de
plus attrayant.

C'est ainsi qu'en passant une nuit à Pforzeim,
petite ville du grand-duché de Bade, il m'a été
donné de voir en plein jour tout l'espace qui
s'étend de la Lorraine à Munich. Que de jouissances perdues pour ceux qui ne peuvent contempler en plein soleil la beauté du grand-duché
de Bade, et d'une partie du royaume de Wurtemberg ! La terre, d'une prodigieuse fécondité,
abonde en toutes sortes de productions : bois,
vignes, prés, céréales de toute espèce, parent et
enrichissent ce beau pays. Les montagnes cou-
vertes de bois, les collines à l'aspect du midi et

du levant, plantées de vignes coupées en la-
nières horizontales par des murs en pierres sè-
ches, destinés à soutenir les terres, tout cela est
d'une rare beauté. Un porphyre d'un rose pâle
qui se polit comme le marbre, et que le sous-sol
fournit en abondance, sert à la construction des
villes et des villages d'une élégance et d'une
propreté incomparables ; l'aspect en est char-
mant.

Cette bienheureuse contrée est comme un
vaste jardin anglais. Jamais peintre de paysage ne
pourra en rendre les beautés. Heureux ceux qui
ont pu contempler cette terre bienheureuse ;
plus heureux ceux qui, maîtres du sol, en jouis-
sent, au sein de leur famille, en toute liberté !

Poursuivons notre course : la première ville
qui se présente est Stuttgard, capitale du
royaume de Wurtemberg ; des soldats font l'exercice devant le palais du roi. Un peu plus loin on
traverse le Danube à Ulm, la ville est grande,
et tout contre, sur un vaste plateau qui la domine, est bâtie la citadelle qui a joué un si grand
rôle dans les fastes militaires de la France.

Le pays forme une immense plaine qui rappelle celles de la Belgique moins la fertilité. Plus
loin, dans le voisinage d'Ausbourg, de vastes

plaines plus pauvres encore ne sont que des tour-
bières exploitées par les habitants ; ils taillent
la tourbe en briques qu'ils font sécher au soleil :
cette tourbe, qui sert de combustible au pays,
paraît en être la seule ressource.

Dès la ville d'Ulm, la pierre a disparu du sol ;
les maisons, les monuments, ne sont bâtis qu'en
briques, ainsi que dans les autres parties de
l'Allemagne. Cette brique est souvent, dans les
constructions, revêtue d'un stuc qui lui donne
l'aspect de la plus belle pierre.

MUNICH.

Munich, capitale du royaume de Bavière,
passe avec raison pour la ville la plus curieuse
de l'Allemagne, par le grand nombre des monuments qui la décorent et qui la font nommer
Athènes moderne

Située au milieu d'une plaine ondulée, la ville
a pour horizon dans le lointain, au sud et à
l'est, les montagnes du Tyrol d'où descend l'Isar,
rivière tortueuse qui, au sud et à l'est, coule
au pied des murs de la ville avec grand bruit,

barrée qu'elle est en partie, pour le service de plusieurs moulins.

La population de Munich n'est pas en rapport avec l'étendue de la ville, aussi y a-t-il peu d'animation dans les rues, et l'Allemand vit là comme dans un cloître. Les pigeons abondent dans les rues ; ils sont si familiers que le passant, pour ne pas les blesser, est obligé de les écarter du pied.

Depuis assez longtemps les rois de Bavière ont à cœur de remplir la ville de monuments ; on en trouve à chaque pas, et dans l'enceinte de Munich et dans les campagnes voisines. Les habitants riches, rivalisant de zèle avec les princes, ont bâti de superbes hôtels. L'architecture de ces monuments ne ressemble en rien à la nôtre, mais c'est, ce semble, à son avantage ; elle est plus gracieuse, plus originale. J'en fais ici volontiers la remarque ; en rentrant dans Paris, nos monuments m'ont semblé lourds et monotones à côté de ceux de Munich. Peu de soldats, point de sergents de ville, pas de gardiens des monuments, et cependant point de ces mutilations qui nous affligent à Paris, et qui seraient bien plus nombreuses sans une garde incessante. Pour faire respecter nos monuments, nos jardins, nous écrivons sur des poteaux : *Défense de faire aucune dégradation*. Dans toute l'Allemagne on écrit : *Ce monument est sous la garde du public*. Je préfère cette dernière affiche.

Les maisons, à Munich, comme à Vienne et à Dresde, quoique aussi hautes que celles de Paris, n'ont pas plus de quatre étages ; cela vient de ce que le plafond des chambres est plus élevé, et de ce que le rez-de-chaussée, partout voûté et à plein cintre, prend une partie de ce que nous donnons ici à l'entre-sol. Ces voûtes, qui rendent les habitations plus fraîches en été et plus chaudes en hiver, sont à nervures et souvent ornées de peintures du meilleur goût ; de vastes poêles en fonte ayant la forme d'une armoire sont dans chaque chambre. Les maisons n'ont pas de portiers, mais des cordons de sonnettes numérotés, placés en grand nombre aux deux côtés de la porte d'entrée, servent pour chaque étage sans qu'il y ait lieu à méprise.

À l'exception d'un petit nombre, les églises de Munich n'ont rien de remarquable ; mais il y règne, comme dans toute l'Allemagne, un usage qu'on devrait bien établir en France. Il n'y a point de chaises, mais des bancs fixes, à dos, avec pupitres et crachoirs, règnent des deux côtés de l'église. Les fidèles sont fort à l'aise, tous traités de même et sans frais.

La ville de Munich ne paraît pas très-commerçante, mais la vie y est à bon marché. La bière d'excellente qualité, comme dans toute l'Allemagne, est à vil prix, avantage précieux pour tout le monde, mais surtout pour les malheureux. Fréquemment on rencontre de pauvres gens n'ayant pour repas que de la bière et un radis coupé en tranches minces qu'ils mangent saupoudré de sel.

L'Allemand passait jadis pour hospitalier et désintéressé, mais cette vertu native s'est perdue chez lui comme ailleurs; l'amour de l'argent règne là comme partout; on s'en aperçoit bien dans les hôtels quand vient le quart d'heure de Rabelais.

En Allemagne l'industrie est moins perfectionnée qu'en France; les instruments qui servent à l'agriculture, les ustensiles de ménage sont grossiers et peu commodes. Toutes les voitures, grandes et petites, sont à quatre roues; le brancard fatigue moins les chevaux, mais ces voitures sont fort incommodes pour le transport des terres et des engrais. A table on se sert de fourchettes à manches en bois, à becs droits,

bien gênantes pour celui qui n'a pas l'habitude
de s'en servir. Que dire des lits? tout le monde
les connaît de réputation : une couchette étroite
comme celle d'un enfant, un seul matelas mince
et dur, des draps grands comme des serviettes
et qu'on ne retrouve plus le matin en se levant ;
tel est l'asile du repos. Ces bons Allemands
semblent ignorer qu'on se met au lit pour se
délasser, et que le genre humain tout entier est
contraint d'y passer le tiers de son existence.

Continuons de montrer le revers de la mé-
daille : les Allemands n'ont pas voulu jusqu'à ce
moment adopter notre système décimal, mais
ils auraient dû s'entendre pour avoir une monnaie uniforme et bien frappée; il n'en est rien :
la monnaie de Bavière n'a pas cours en Autriche, ni celle d'Autriche en Saxe, de sorte qu'il
faut changer de monnaie en changeant de
contrée.

Si la ville de Munich est riche en monuments,
sur d'autres points elle laisse beaucoup à dé-
sirer. Le gouvernement de Bavière sacrifie volontiers l'utile à l'agréable, à l'exemple de ces filles
glorieuses qui n'ont pas de chemises et portent
des robes de soie. Les rues et les places sont pavées avec des cailloux roulés et pointus qu'on

tiré de l'Isar. La ville est sans fontaines; elle n'a
que des puits d'où les habitants tirent l'eau avec
des pompes. Les boucheries manquent. Ceux
qui donnent à manger, ou vendent de la viande,
égorgent les animaux dans de petites cours sales
et fangeuses, placées derrière les maisons; mais
ce qui choque davantage, et cet usage règne
aussi à Vienne et à Dresde, les marchés qui se
tiennent dans les rues et sur les places publiques
sont sans abris, de sorte que les malheureux
habitants des campagnes, venus avec de grandes
fatigues pour vendre leurs denrées, sont forcés
de passer la journée, exposés aux intempéries des
saisons, dans un climat plus froid que le nôtre.

VIENNE.

Le trajet de Munich à Vienne demande environ
vingt heures en chemin de fer. A la fin de juillet
les feuilles des arbres étaient vertes comme en
France au mois de mai, ce qui accuse un climat
beaucoup plus froid. Dans ce parcours, les villes
principales sont : Salzbourg et Lintz; cette dernière est à mi-chemin de Munich à Vienne. En

sortant de Munich, on traverse l'Isar, puis l'Inn et le Danube; pendant le premier quart du chemin, on rencontre de vastes plaines peu fertiles; ensuite le terrain devient plus accentué, et pendant trente lieues environ, on a sur sa droite les montagnes du Tyrol, qui ressemblent à d'immenses pyramides juxtaposées. Des champs de céréales, des prairies, des bois de sapin, tel est le spectacle qu'offre la campagne.

En approchant de Vienne, le terrain est de plus en plus tourmenté; mais on n'aperçoit pas ces nombreux villages qui d'ordinaire signalent l'approche des grandes villes. Tout près de Vienne, où l'on entre par le sud-est de la ville, on a sur sa droite le château de Schœnbrunn, résidence impériale dont nous parlerons bientôt.

Comparée à Munich, Vienne est un monde tout nouveau. Cette vaste cité est assise au milieu d'une plaine qui se relève au sud et à l'est; des montagnes à la distance d'une lieue l'enserrent presque de tous côtés; deux cours d'eau la traversent. Au nord, et courant de l'ouest à l'est, un bras du Danube; et un ruisseau comme la Bièvre qui serpente dans la ville du sud à l'est, où il va se perdre dans le Danube.

Vienne a la forme ronde; le centre, comme

un vaste noyau, est séparé des faubourgs par
d'immenses espaces qui formaient jadis les for-
tifications de la ville. Les fossés, comblés au
nord sur les rives du Danube, ont fait place à
de magnifiques quartiers coupés par de grandes
rues, comme nos boulevards. Du côté opposé,
au sud, les fossés non encore entièrement comblés ont été en grande partie transformés en jardins publics, lesquels, de ce côté, laissent vides
de vastes espaces entre la ville et les faubourgs.

On se tromperait fort si on comparait le centre de Vienne, l'ancienne ville, à la cité de Paris;
le centre de Vienne, dont les rues pour la plu-
part sont fort étroites, renferme les principaux
monuments : le palais de l'empereur, la Bourse,
l'Opéra, la Poste, Saint-Étienne, et les boutiques
les plus somptueuses ; là est le centre des affaires et des plaisirs.

Les rues de Vienne, grandes ou petites, sont
toutes d'une extrême propreté; elles sont bien
pavées et avec trottoirs; mais ces trottoirs sont
de niveau avec la chaussée, de sorte que les
piétons n'en ont l'usage que lorsque les voitures
n'en veulent point.

Vienne a de l'eau en abondance et d'excellente
qualité; les fontaines sont nombreuses et sans

luxe; à chacune se trouve une chaînette qui
suspend une tasse en fer, afin que le passant al-
téré puisse étancher sa soif. Les fontaines sont
à hauteur de ceinture; les femmes viennent y
puiser l'eau dans des tonnelets en bois de sapin
et fort légers; ces petits tonneaux, plats d'un
côté, s'attachent sur les épaules au moyen de
bretelles en cuir; le bouchon est une planchette
carrée de 7 à 8 centimètres de côté.

Les maisons de Vienne sont généralement fort
belles. Pour mieux préserver du froid, les fe-
nêtres ont des croisées au dedans et au dehors.
Dans les anciennes maisons, qui sont les plus
nombreuses, un escalier en pierre et en spi-
rale conduit jusqu'aux étages supérieurs; le
long du mur une barre ronde en fer sert de
rampe.

Les jardins publics ont des bancs et point de
chaises. Les dames de Paris qui vont prendre
l'air dans nos jardins, et qui veulent s'occuper,
font de la tapisserie; à Vienne, toutes tricotent
des bas blancs; sur dix, on en trouve sept ainsi
occupées.

Soit que le terrain s'y refuse, soit mauvaise
culture, les fruits et les légumes sont de mauvaise qualité; la viande chez les bouchers ré-

pugne à voir; on croirait qu'elle provient d'a-
nimaux morts de maladie.

La misère chez le peuple est grande à Vienne,
elle se manifeste par de cruelles souffrances. Les
enfants, mal nourris, sont pâles, blêmes, chétifs.
Les soldats qui sortent de cette classe paraissent
aussi sans vigueur. Les dîners à Vienne, comme
dans toute l'Allemagne, ont lieu de midi à trois
heures; à trois heures et demie, les cours ou le
devant des portes des restaurants se remplissent
d'hommes, de femmes et d'enfants, qui viennent
avec un vase en terre chercher les restes des
dîners. J'ai vu de malheureuses femmes, après
avoir reçu leur part, courir sous des portes co-
chères pour aller en secret dévorer cette sale et
maigre pitance. La cherté des loyers ajoute à la
souffrance. La population de Vienne est fort
dense; et, quoiqu'il s'élève des maisons de tous
côtés, les loyers ne diminuent point. Le travail
aussi est mal rétribué : une servante dans une
maison bourgeoise, un garçon de vingt ans
dans un restaurant, ne gagnent que six florins
par mois, ou treize francs environ de notre monnaie.

Trois choses surtout attristent à Vienne : la
loterie, organisée sur une grande échelle; le pa-

pier-monnaie, même pour les plus petites som-
mes, et la grande misère du peuple.

Il ne faut pas quitter Vienne sans dire un mot
du château de Schumbrunn, résidence d'été de
l'empereur. Sur un plateau élevé, au sud de la
ville, se trouve le château avec un beau parc,
partie en plaine, partie en amphithéâtre; le
château est au pied d'une colline; sur le derrière, à mi-côte et à cent mètres du château, est
un monument élevé par Marie-Thérèse à la mémoire de l'empereur Joseph. Ce monument,
nommé *la Gloriette*, ressemble de loin à la fa-
çade d'un château. Si on monte tout en haut sur
la plate-forme, on a devant soi, à ses pieds, le
château de Schumbrunn; à gauche et touchant
au parc, le gros village de Schumbrunn, et sur
sa droite, à trois kilomètres, la ville de Vienne,
qui se déroule tout entière sous les yeux avec
ses clochers et ses monuments. C'est un beau
spectacle.

Au nord-est de la ville, sur un plateau élevé
nommé *le Belvédère*, se trouve le musée de
Vienne, placé au milieu de beaux jardins et de
belles eaux. Les salles du musée sont spacieuses,
en grand nombre, et pleines de tableaux de grand
prix. Ce palais, autrefois la résidence du prince

Eugène de Savoie, est, en petit, le palais de Versailles. De ce point élevé on a une belle vue sur la ville de Vienne.

Pour visiter Schumbrunn, le Prater et les lieux les plus remarquables des environs de Vienne, on a des omnibus qui pour moins de vingt centimes transportent à de grandes distances. Ces omnibus, plus bas que ceux de Paris, ne peuvent contenir que douze personnes; ils sont divisés en deux compartiments; celui de devant reçoit les personnes qui ne fument pas.

DÉPART POUR DRESDE.

De Vienne à Dresde le trajet dure à peu près vingt-deux heures. En sortant de Vienne par le chemin de fer du Nord, voisin du Prater, on traverse le Danube, puis un bois en partie de bouleau. Sur sa gauche on a les montagnes qui avoisinent la ville au nord et à l'ouest; vient ensuite une vaste plaine: c'est celle de Wagram. On est dans les premiers jours du mois d'août; le temps est beau, la moisson en pleine activité; çà et là dans les champs de pauvres femmes glanent les épis de la Providence.

En pénétrant dans la Moravie, on trouve un

terrain fertile, ondulé. Après cinq heures de marche depuis Vienne, on arrive dans la capitale de la province, à Brunn. Cette ville, située dans une plaine basse, est remplie de fabriques. De tous côtés fument des cheminées. Au nord et à l'ouest, les montagnes de Spielberg bornent l'horizon.

En sortant de cette ville, on pénètre dans des gorges boisées, on passe sous plusieurs tunnels; le terrain s'ouvre et se resserre successivement; enfin la campagne se déploie spacieuse, fertile. On arrive à Parderbitz, grande ville à mi-chemin de Vienne à Dresde. Elle est dans une plaine fertile et arrosée par l'Elbe, qui prend sa source dans les contrées voisines. Non loin, à Koln, on aperçoit un monument érigé par Marie-Thérèse à l'occasion d'un avantage remporté sur le grand Frédéric, qui, comme on le sait, prit bien sa revanche.

Prague, grande et belle ville, capitale de la Bohême, est la dernière ville qui se rencontre sur la route de Dresde.

DRESDE.

La capitale de la Saxe est bâtie sur un plateau élevé; l'air y circule librement; elle est dans les meilleures conditions pour la santé des habitants. Son territoire est aussi fertile qu'il est pittoresque. Rien de plus beau que les montagnes qui l'entourent en grande partie à la distance d'une lieue, au sud, à l'est et à l'ouest, et qu'on nomme *Suisse allemande*. Mais ce qui fait le charme principal de Dresde, c'est l'Elbe, qui, courant du sud au nord, partage la ville, laissant sur sa rive gauche la partie principale. Munich a l'Isar, Vienne le Danube, Dresde, mieux partagé, a l'Elbe. Les grandes cités ont besoin pour leur commerce de ces voies navigables, de ces chemins qui marchent, pour parler comme notre Pascal. Mais l'Elbe, si utile au commerce, sert encore aux plaisirs des habitants de Dresde. Plusieurs fois le jour, des bateaux à vapeur remontant le fleuve déposent au pied des montagnes de la Suisse allemande une foule de promeneurs qui vont respirer l'air des montagnes et visiter les curiosités dont la nature semble avoir été prodigue en ces lieux. Le château de

Pilnitz, si célèbre dans les annales de la révolu-
tion française, placé au pied des montagnes, est
un but fréquent de promenades. Mais la vue
seule du fleuve dans les murs de Dresde est un
spectacle ravissant; en amont et en aval de la
ville on le voit serpenter au loin dans les campagnes. Sur la rive gauche règne une magnifique
et longue terrasse, qui domine le fleuve d'une
grande hauteur et en suit les sinuosités. Une
balustrade en fer protège les promeneurs tou-
jours en grand nombre. Cafés, restaurants, con-
certs de musique, on trouve de tout cela sur
cette belle terrasse.

Le sang saxon est riche, les soldats ont
bonne mine et l'air très-martial. Les enfants
des pauvres sont fort robustes, ce qui fait con-
traste avec ceux de Vienne, de si chétive appa-
rence.

Munich et Vienne appartiennent à l'Allemagne du Sud. Le plus grand nombre des habitants est catholique. Dresde et Berlin font partie
de l'Allemagne du Nord. La réforme de Luther
y domine. Sur cent trente mille habitants,
Dresde compte à peine huit mille catholiques,
possédant une seule église, qui est celle de la
cour, toutes les autres églises sont aux luthé-

riens, et l'image du réformateur est placée à la droite de la chaire.

Au siècle dernier, Voltaire, pour flatter l'impératrice de Russie et le roi de Prusse, disait :

C'est du Nord aujourd'hui que nous vient la lumière.

Alors comme aujourd'hui, la lumière et les ténèbres étaient un peu partout ; cependant on ne peut nier, quelle qu'en soit la cause, que l'Allemagne du Nord n'ait une énergie, une activité, et par suite un bien-être qu'on ne trouve ni dans la Bavière ni dans l'Autriche.

Les campagnes qui avoisinent la ville de Dresde sont d'une grande fertilité ; les sites en sont gracieux, et garnis de belles maisons de campagne. On s'y rend, soit en bateaux à vapeur, soit en omnibus. Ceux de Dresde ressemblent à de vastes gondoles placées sur quatre roues très-élevées. Ils peuvent contenir de cinquante à soixante personnes ; deux forts chevaux les traînent sans efforts.

La ville de Dresde a été ma dernière station ; je l'ai quittée pour me rendre à Bruxelles par le chemin le plus court, par Leipsick, Magdebourg, Cologne, Aix-la-Chapelle, Trèves. Le trajet se fait en vingt-cinq heures.

Leipsick ressemble à un grand village de quinze à vingt mille habitants. Il est au milieu d'une plaine immense, unie, et sans limites pour le regard.

J'ai précipité mon départ de l'Allemagne, quoique j'eusse du loisir pour un plus long séjour; je veux en faire connaître le motif à ceux qui liront ce récit; ils pourront en tirer profit.

Faute d'une connaissance suffisante de la langue allemande, je n'ai pu faire sur l'agriculture, les établissements de bienfaisance, l'instruction publique, les mœurs des habitants, des questions qui me tenaient à cœur; j'en ai souvent éprouvé de la tristesse. Ne pouvant causer avec les personnes qui m'entouraient, je n'ai vu les choses qu'à la surface, et ceux qui me liront s'en apercevront sans peine. Il est bien vrai que beaucoup de mes compatriotes, faisant le même voyage, seront aussi embarrassés que moi; mais ce n'est pas là une consolation. Pour eux comme pour moi, c'est un malheur; il faut, s'il est possible, y remédier. Ce mal est plus grand qu'on ne pense, aujourd'hui surtout que les voyages sont si fréquents par la facilité qu'on a de voyager, et que le commerce entre

les nations prend une extension de plus en plus
grande.

La Bible nous apprend que Dieu a multiplié
les langues pour confondre l'orgueil des hommes ; il y a bien réussi. En effet, rien n'est plus
humiliant pour l'homme qui a un peu d'intelli-
gence, que de ne pouvoir ni comprendre ni
être compris au-delà d'un fleuve ou d'une mon-
tagne ; c'est avoir des oreilles et ne pas entendre,
c'est être privé d'un sens.

Cependant n'oublions pas que soixante mil-
lions d'hommes, placés au centre de l'Europe,
parlent une langue savante, riche en productions littéraires. N'est-il pas honteux que si peu
de Français l'étudient ? Que la jeunesse qui sort
des écoles donne un peu moins de temps au som-
meil, au jeu, et à des lectures malsaines ; qu'elle
apprenne la langue de Gœthe et de Schiller, elle en
tirera un grand profit ; c'est un excellent exercice
pour l'esprit. D'ailleurs, apprendre une langue,
c'est se donner un sens de plus.

L'Europe est peu connue des Français, et c'est
au détriment de la France. Les Anglais voyagent
beaucoup, et font profiter leur pays de leurs
observations.

En France, jusqu'à ce moment, il n'y a eu

guère de voyageurs, que de grands personnages
envoyés le plus souvent en mission auprès des
gouvernements étrangers, ne fréquentant que
les grands, et assez mal placés pour bien voir,
ou de pauvres diables sans instruction, courant
le monde pour chercher fortune. Mais la classe
aisée, intermédiaire, celle qui serait la mieux
placée pour bien voir, celle-là ne voyage pas.
La jeunesse préfère se perdre dans l'oisiveté des
villes, et y dissiper un temps et un argent qui,
autrement employés, lui rendraient cent pour
un en jouissances délicates et fructueuses. Pour
la pousser dans cette voie, il faut enseigner les
langues étrangères.

L'allemand, je le sais, a pour nous des difficultés, parce que cet idiome n'a rien de commun
avec les langues des races latines. Le Français
qui étudie le latin apprend une langue qui a
formé en grande partie la sienne; il en devine
une foule de mots, et se fait vite un vocabulaire;
ceux qui l'étudient peuvent dire comme ce plai-
sant d'une comédie de Molière : « Je ne suis pas
bête : passant dans une rue, j'ai vu au-dessus
d'une porte : *collegium*, et j'ai deviné que ce
mot voulait dire : *collége*. »

L'allemand n'ayant pas la même origine que

le français, presque tous les mots en sont nou-
veaux pour nous, et il faut de la mémoire et
beaucoup de temps pour se créer un vocabulaire.
Ajoutons que sa prononciation offre des difficultés. Ces consonnes : *ch*, qui reviennent très-
souvent, blessent nos oreilles ; mais ces difficultés ne sont pas insurmontables.

Croire la langue allemande dure à l'oreille est
une grande erreur ; s'il en était ainsi, l'Allemagne
ne serait pas le pays par excellence de la musique. Cet art divin, qui donne tant de jouissances, ne se perfectionne qu'à l'aide d'une
langue douce, harmonieuse. La langue allemande possède ces qualités. Elle a de la grâce,
de la douceur dans la bouche des personnes
bien élevées. En les voyant glisser avec tant de
dextérité sur les difficultés qui nous rebutent,
on se rappelle involontairement ces anciens
Germains dont parle Tacite, lesquels, dans leurs
jeux, sautaient sur des pointes de lances sans se
blesser.

L'allemand peut s'apprendre partout ; mais
c'est en Allemagne seulement qu'on peut parve-
nir à le bien parler. Si le gouvernement français
fonde des collèges internationaux, il fera un
acte profitable au pays. Les Romains allaient

apprendre le grec à Athènes; c'est au centre de
l'Allemagne qu'il faudrait envoyer, pour apprendre l'allemand, de jeunes Français studieux,
intelligents, de douze à quinze ans. Dans un
établissement bien dirigé, les progrès seraient
rapides; mais qu'on n'oublie pas que si une
année est consacrée à l'italien, deux à l'anglais,
il faut en consacrer trois à la langue allemande,
plus difficile que les deux autres.

Paris — Imprimerie A. Lainé et J. Havard, rue des Saints-Pères, 19.

9 782014 034585